新时代公民道德歌

程冠军 著
榆木 绘

公民道德“口袋书”
思政工作“掌中宝”

U0804601

长江出版传媒 | 湖北教育出版社

序一

赞《新时代公民道德歌》

公民道德最重要，
决定命运和面貌。
前途美好不美好？
生活是否节节高？
道理清楚又明了，
关键在于要做到！
小书好读又好看，
实施纲要须记牢！
守持美德走正道，
幸福家园阳光照。

王蒙

（王蒙：人民艺术家，著名作家、学者，原文化部部长）

序二

用诗歌讲好新时代公民道德

全面建设社会主义现代化国家，必然要求全面培养现代化的人。现代化的人，包含多方面的素质要求。而养成新时代的公民道德，则是第一位的要求。

养成新时代公民道德，就是要让公民熟知这些道德，懂得道德养成的途径和方法，知道哪些言行是不合道德规范的。《新时代公民道德歌》就是程冠军同志为满足这种需要而创作的。作者的责任心和使命感由此可见一斑。

歌的特点就是流畅、顺口、好懂、好记。这本《新时代公民道德歌》一韵到底、朗朗上口，清一色的五言，配以充满生活气息的插画，生动有趣，老少皆宜，尤其适合青少年阅读。

希望这本小书的出版发行能够助力新时代公民道德建设、新时代文明实践中心建设、新时代思想政治工作、新时代家风家教建设，成为公民道德“口袋书”，思政工作“掌中宝”。

周文彰

（周文彰：中华诗词学会会长，原国家行政学院副院长）

目录

一　精神引领篇

二　教育引导篇

一　精神引领篇

理想信念歌

华夏五千年，
文明之滥觞[①]。
大道行天下，
大同与小康。[②]

三大里程碑，[③]
雄关漫道长。
人间有正道，
正道是沧桑。

站起靠革命，
富起靠开放。
强起有自信，
飞跃逐梦想。[④]

伟大中国梦，
百年始起航。
引领复兴路，
中国共产党。

伟大中国梦，
百年始起航。
引领复兴路，
中国共产党。

道路靠引领，
思想靠武装。
最大公约数，[5]
自信绘理想。

心中有信仰，
人生有方向。
人民有信仰，
国家有力量。

信念加信仰，
民族有希望。
信念如磐石，
道路不彷徨。

补足“精神钙”，
点燃理想光。
拧紧“总开关”，
初心永不忘。

建设现代化，
人人有担当。
进入新时代，
精神要弘扬。

① 滥觞：江河发源的地方，比喻事物的起源。

② 大同与小康：《礼记·礼运》为我们描绘了“大道之行也，天下为公”的美好大同世界。小康是我们对幸福生活的期盼，大同是我们更美好的理想追求。2021 年 7 月 1 日，在庆祝中国共产党成立 100 周年大会上，习近平总书记庄严宣告：“在中华大地上全面建成了小康社会。”

③ 三大里程碑：习近平总书记在庆祝改革开放 40 周年大会上的讲话中指出，建立中国共产党、成立中华人民共和国、推进改革开放和中国特色社会主义事业，是五四运动以来我国发生的三大历史性事件，是近代以来实现中华民族伟大复兴的三大里程碑。

④ 飞跃逐梦想：党的十九大报告指出，中国特色社会主义进入新时代，意味着近代以来久经磨难的中华民族迎来了从站起来、富起来到强起来的伟大飞跃。

⑤ 最大公约数：实现中华民族伟大复兴的中国梦，是中国人民共同的理想目标，也是中华儿女的最大公约数。

核心价值歌

核心价值观，
深层之力量。
认知且认同，
鲜明树导向。

二十四个字，
牢牢记心上。
富强与民主，
文明和谐倡。

核心价值观，
深层之力量。
认知且认同，
鲜明树导向。
民主
富强
文明

自由加平等，
公正法治彰。
爱国又敬业，
诚信友善邦。[①]

落实价值观，
践行在日常。
法规立改废，
制度要跟上。

社会靠治理，
民主与协商。
自治和德治，
法治是保障。

“三治”相结合，[②]
善治遍城乡。
治理现代化，
美丽又富强。[③]

① 诚信友善邦：党的十八大提出“富强、民主、文明、和谐，自由、平等、公正、法治，爱国、敬业、诚信、友善”的社会主义核心价值观。

② “三治”相结合：中国共产党十九届四中全会《决定》提出，健全党组织领导的自治、法治、德治相结合的城乡基层治理体系。

③ 美丽又富强：党的十九大报告提出“到 2050 年把我国建设成为富强民主文明和谐美丽的社会主义现代化强国”。

中华美德歌

中华好美德，
协和统万方。
仁者方爱人，
民本可安邦。①

和合向大同，
治国有良方。
仁义礼智信，
忠孝廉崇尚。

和合向大同，治国有良方。
仁义礼智信，忠孝廉崇尚。

格物致真知，
诚意正心房。
养吾浩然气，[2]
君子坦荡荡。[3]

修身后齐家，
中华好儿郎。
穷则善其身，
治平能流芳。[4]

嘉言并懿行，
志士人慕仰。
古圣和先贤，
名耀圣贤榜。

情怀效家国，
诗礼继世长。
礼敬加自豪，
民族永兴旺。

修身后齐家，中华好儿郎。
穷则善其身，治平能流芳。

① 民本可安邦：出自《尚书·五子之歌》“民惟邦本，本固邦宁”，意思是人民是国家的根本，根本巩固了，国家才能安宁。

② 养吾浩然气：出自《孟子·公孙丑上》“我善养吾浩然之气”，意思是人要培养充满仁义道德的正气。

③ 君子坦荡荡：出自《论语·述而》“君子坦荡荡，小人长戚戚”，意思是君子之道以修身为要，君子要心胸宽广，能包容别人。

④“修身……流芳”句：出自《礼记·大学》“古之欲明明德于天下者，先治其国；欲治其国者，先齐其家；欲齐其家者，先修其身；欲修其身者，先正其心；欲正其心者，先诚其意；欲诚其意者，先致其知，致知在格物。物格而后知至，知至而后意诚，意诚而后心正，心正而后身修，身修而后家齐，家齐而后国治，国治而后天下平”。

仁人志士歌

群星参北斗，
伏羲和炎黄。
禅让[①]尧舜禹，
夏商周封疆。

孔孟和墨荀，
韩非和老庄。
上下而求索，
屈原作《国殇》。

“冠军”霍去病，
“飞将”看李广。
张骞使西域，
玄奘取经藏。

鞠躬而尽瘁，
南阳诸葛亮。
忧国兼忧民，
岳阳楼上望。[②]

群星参北斗，伏羲和炎黄。
禅让尧舜禹，夏商周封疆。

岳飞《满江红》，
忠烈文天祥。
风雨读书声，
铁马入梦乡。

奋勇抗倭寇，
名将戚继光。
收复我台湾，
成功[3]响当当。

睁眼看世界，
销烟震列强。
戊戌六君子，
变法图救亡。

辛亥革命起，
帝制被埋葬。
新民革命[4]起，
人民得解放。

十月炮声响，
马列照东方。[5]
“五四”擎火炬，
醒狮吼天罡[6]。

相约石库门，
成立共产党。
日月换新天，
红船破风浪。

奋勇抗倭寇，名将戚继光。
收复我台湾，成功响当当。

① 禅让：相传尧为部落联盟领袖时，四岳推举舜为继承人，尧对舜进行考验后，以舜为继承人。尧死后，舜继位，用同样推举方式，以禹为继承人。这种古代部落联盟推选领袖的制度，史称“禅让”。

②“忧国……楼上望”句：北宋政治家范仲淹的名作《岳阳楼记》中有“先天下之忧而忧，后天下之乐而乐”名句。

③ 成功：郑成功。明末清初军事家，民族英雄。

④ 新民革命：指的是中国共产党领导的新民主主义革命。

⑤“十月……东方”句：1917 年，俄国爆发“十月革命”，创立了世界上第一个社会主义国家。毛泽东说：“十月革命一声炮响，给我们送来了马克思列宁主义。”

⑥ 天罡：古书上指北斗星，也指北斗七星的柄。醒狮吼天罡，意为中国这头东方睡狮醒来之后，吼声震天。

革命英烈歌

饮水要思源，
先烈不能忘。
中华正气歌，
镌刻丰碑上。

有我李大钊，
赴死慨而慷。
有我向警予，
临刑作演讲。

有我杨靖宇，
誓死不投降。
有我赵一曼，
酷刑志不丧。

有我方志敏，
清贫志坚强。
有我江竹筠，
红岩浩气长。

饮水要思源，先烈不能忘。
中华正气歌，镌刻丰碑上。

巾帼群英烈，
八女齐投江。
狼牙五壮士，
纵身成绝唱。

舍身董存瑞，
捐躯黄继光。
烈火邱少云，
意志比钢强。

少年刘胡兰，
就义铡刀旁。
一腔报国血，
洒在红旗上。

幸福何处来？
国泰民安康。
奋进新时代，
英烈时敬仰。

幸福何处来？国泰民安康。

奋进新时代，英烈时敬仰。

时代楷模歌

自力更生好，
艰苦奋斗强。
建设新中国，
乐群敬业忙。

爱民焦裕禄，
还有谷文昌。
铁人王进喜，
掏粪时传祥①。

爱国钱学森，
航天创辉煌。
先驱邓稼先，
“两弹”耀东方。

“绝活”许振超，
钻研爱一行。
“神焊”高凤林，
火箭铸“心脏”。

爱民焦裕禄，还有谷文昌。
铁人王进喜，掏粪时传祥。

人民艺术家，
王蒙写华章。
最美樊锦诗，
此生爱敦煌。

学习黄大发，
甘把愚公当。
学习黄旭华，
主席把座让。[2]

学习龚全珍，
不把俸禄享。
学习张富清，
一世功名藏。

试看群英谱，
三百六十行。
行行出状元，
楷模放光芒。

试看群英谱，三百六十行。
行行出状元，楷模放光芒。

① 时传祥：北京市掏粪工人，中共党员，全国劳模，以“宁愿一人脏，换来万家净”的精神，在平凡的岗位上做出了突出的成绩，受到毛泽东、周恩来、刘少奇等党和国家领导人的接见。

②“学习黄大发……把座让”句：2017 年 11 月 17 日，习近平总书记在人民大会堂与参加全国精神文明建设表彰大会代表合影时，把在后排站立的黄旭华和黄大发请到自己身边就座。在 2020 年 1 月 10 日举行的 2019 年度国家科学技术奖励大会上，习近平总书记向获得 2019 年度国家最高科学技术奖的黄旭华院士和曾庆存院士颁奖后，请他们到主席台就座，并与他们一道为其他获奖代表颁奖。

中国精神歌

民族精神延，
文化传未央[①]。
时代精神塑，
谱写新篇章。

华夏盼统一，
和平鸽翱翔。
勤劳和勇敢，
君子当自强。

创新和创造，
动能靠“双创”[②]。
众志能成城，
豪情抒梦想。

红色基因承，
传统续优良。
精神长赓续，
思想再解放。

红色基因承，传统续优良。
精神长赓续，思想再解放。

实事贵求是，
实践真理彰。
拨乱并反正，
改革与开放。

国家建设者，
劳模树榜样。
白领争创新，
蓝领当工匠。

优秀企业家，
责任勇担当。
伟大科学家，
为国挺脊梁。

幸福靠奋斗，
使命在肩上。
平凡育伟大，
奋进志昂扬。

优秀企业家，责任勇担当。
伟大科学家，为国挺脊梁。

① 未央：未尽，没完。
② 双创：指“大众创业，万众创新”。

二　教育引导篇

校园教育歌

培养什么人？
怎样来培养？
为谁培养人？
思想指方向。[①]

教育为人民，
爱国亦爱党。
一代强一代，
后浪推前浪。

树人必立德，
学校要担当。
德智体美劳，
全面来培养。

师德垂世范，
桃李共芬芳。
重教必尊师，
校风创优良。

培养什么人？怎样来培养？
为谁培养人？思想指方向。

以德来立身，
以德办学堂。
以德来施教，
以德育德芳。

德育进学科，
思政亮课堂。
上好思政课，
会把故事讲。

育人先育德，
盖屋先垒墙。
校园德风满，
幼苗方茁壮。

教育兴国兴，
教育强国强。
教育现代化，
为国育栋梁。

育人先育德，盖屋先垒墙。
校园德风满，幼苗方茁壮。

①“培养……指方向”句：2019 年 3 月 18 日，习近平总书记在学校思想政治理论课教师座谈会上强调，办好思想政治理论课，最根本的是要全面贯彻党的教育方针，解决好培养什么人、怎样培养人、为谁培养人这个根本问题。

家风家教歌

家庭是细胞，
道德伴成长。
传统美德承，
现代道德倡。

爱国亦爱家，
向善亦向上。
相亲亦相爱，
共建亦共享。

身教胜言教，
以身作榜样。
孝道必传承，
感恩要培养。

媳妇敬公婆，
夫妻好商量。
兄弟如手足，
妯娌互体谅。

身教胜言教，以身作榜样。
孝道必传承，感恩要培养。

儿女常回家，
游子当思乡。
吾老人之老，①
邻里相扶帮。

老幼互敬爱，
成员互影响。
精神新境界，
文明新风尚。

老幼互敬爱，成员互影响。
精神新境界，文明新风尚。

① 吾老人之老：出自《孟子·梁惠王上》“老吾老以及人之老，幼吾幼以及人之幼”。意思是尊敬孝顺自己家的长辈，也要想到尊敬孝顺别人家的长辈；爱护自己家的儿女，也要想到爱护别人家的儿女。

模范引领歌

楷模领时代，
争先又向上。
品质贵崇高，
价值在取向。

道德立模范，
榜样常宣讲。
事迹多报道，
节目翻花样。

公益广而告，
文艺雅俗赏。
人物评最美，[1]
好人崇褒扬。

行为有示范，
学习有榜样。
身边有好人，
同德不同行。

楷模领时代，争先又向上。
品质贵崇高，价值在取向。

见贤而思齐，
先进人争当。
英模需关爱，
维护好形象。

德者必有得，
尊崇并嘉奖。
好人有好报，
社会走正向。

见贤而思齐，先进人争当。
英模需关爱，维护好形象。

① 人物评最美：是指中央宣传部等部委开展的评选“最美人物”系列活动，如“最美奋斗者”“最美科技工作者”“最美职工”等。

舆论引导歌

媒体引导人，
打通舆论场。
成风以化人，
润物无声响。

敦风并化俗，
厚道培土壤。
问题须引导，
报道百花放。

敦风化俗

敦风并化俗，厚道培土壤。
问题须引导，报道百花放。

以案可明德，
法治意识强。
以事来说理，
公共意识彰。

规则意识立，
规矩成圆方。
责任意识树，
为人有担当。

道德靠自律，
敬畏心头放。
君子慎其独，
盗泉[1]水不尝。

公序与良俗，
背离须提防。
舆论能监督，
激浊把清扬。

规则意识立，规矩成圆方。
责任意识树，为人有担当。

① 盗泉：古泉名，故址在今山东泗水县东北。《尸子》：“（孔子）过于盗泉，渴矣而不饮，恶其名也。”《淮南子》：“曾子立廉，不饮盗泉。”后人把不义之财视为“盗泉”。

文艺陶冶歌

情操重陶冶，
文艺扛大梁。
文艺能载道，
大道承思想。

文艺传真情，
艺德须高尚。
文艺颂祖国，
文艺讴歌党。

文艺写人民，
英雄更颂扬。
歌唱奉献者，
劳动最荣光。

既要有品位，
还把格调讲。
传播真善美，
社会效益棒。

歌唱祖国
文艺传真情，
艺德须高尚。
文艺颂祖国，
文艺讴歌党。

低俗与庸俗，
媚俗与低档。
更有恶俗者，
全是负能量。

正气一来到，
邪气一扫光。
责任永在肩，
健康永向上。

作品润心灵，
启智领风尚。
创作守正道，
主题正气扬。

文艺工作者，
崇德把艺尚。
为人与做事，
表里都一样。

学养与涵养，
主要靠修养。
德艺双馨者，
美名传四方。

文艺工作者，
崇德把艺尚。
为人与做事，
表里都一样。

教育阵地歌

道德靠教育，
阵地先打桩。
文明重实践，
融媒①是方向。

民族大团结，
人民有素养。
基础要筑牢，
基地要建强。

县级融媒体，
功能要跟上。
宣传接地气，
传播入心房。

建好图书馆，
社会有书香。
建好文化馆，
文化大众享。

建好图书馆，社会有书香。
建好文化馆，文化大众享。

建好博物馆，
文物耀家邦[2]。
建好科技馆，
科普大讲堂。

建好纪念馆，
精神有“富矿”。
明德且守礼，
德泽光万丈。

建好科技馆，科普大讲堂。

① 融媒：融媒体，即把广播、电视、互联网的优势融合，实现“资源通融、内容兼容、宣传互融、利益共融”。

② 家邦：家与国，亦泛指国家。

群体引导歌

公德须引导，
谁当领头羊？
党员和干部，
带头作榜样。

作风恒改进，
砥砺致远方。
忠诚又老实，
公道民心向。

法律铁规矩，
道德硬杠杠。
“补钙”强精神，
党性要实夯。

修身先正心，
齐家把廉倡。
处处作表率，
政德立而讲。

公德须引导，谁当领头羊？
党员和干部，带头作榜样。

党性必锤炼，
“三德”①常修养。
“四有”②加“四铁”③，
甘把表率当。

名人影响大，
社会责任广。
修养并自律，
树立好形象。

家庭和学校，
德育好土壤。
政府和社会，
都把道德讲。

引导青少年，
树立大志向。
扣好第一扣，④
启迪好思想。

爱党爱人民，
爱国爱家乡。
国兴在少年，
少年中国强。

① 三德：2019 年 3 月 1 日，习近平总书记在中央党校（国家行政学院）中青年干部培训班开班式上强调，领导干部要明大德、守公德、严私德。

② 四有：2015 年 1 月 12 日，习近平总书记同中央党校第一期县委书记研修班学员进行座谈时强调，做县委书记就要做焦裕禄式的县委书记，始终做到心中有党、心中有民、心中有责、心中有戒。

③ 四铁：2015 年 12 月 11 日，习近平总书记在全国党校工作会议上强调，要培养造就一支具有铁一般信仰、铁一般信念、铁一般纪律、铁一般担当的干部队伍。

④ 扣好第一扣：2014 年 5 月 4 日，习近平总书记在北京大学师生座谈会上指出：“这就像穿衣服扣扣子一样，如果第一粒扣子扣错了，剩余的扣子都会扣错。人生的扣子从一开始就要扣好。”

网络道德歌

百年大变局，①
迎来互联网。
经济全球化，
地球变村庄。

鼠标加手机，
居家逛商场。
天涯与海角，
咫尺在身旁。

依法做经营，
文明来办网。
道德存心中，
法规作保障。

网络文化兴，
媒体新方向。
明辨善与恶，
是非观念强。

突发事件多，
热点话题忙。
发帖与游戏，
格调须健康。

英雄和先烈，
不许乱诽谤。
民族之感情，
坚决不容伤。

鼠标加手机，居家逛商场。
天涯与海角，咫尺在身旁。

低俗与谩骂，
暴力与涉黄。
网上犯了罪，
一样蹲牢房。

歧视和欺诈，
造谣与中伤。
网络禁暴力，
乱象一扫光。

线上不沉迷，
远离不良网。
争作好网民，
汇聚正能量。

公益和慈善，
网络都擅长。
用好大数据，
资源全共享。

科技应向善，
空间盼清朗。
网络共同体，[2]
全球共畅想。

线上不沉迷，远离不良网。
争作好网民，汇聚正能量。

① 百年大变局：2017 年 1 月 28 日，习近平总书记在人民大会堂接见回国参加 2017 年度驻外使节工作会议的全体使节时指出，放眼世界，我们面对的是百年未有之大变局。这是习近平总书记对世界发展大势、历史演进趋势、时代变化态势和中国自身优势作出的重大战略判断。

② 网络共同体：2015 年 12 月 16 日，习近平总书记在第二届世界互联网大会上提出共同构建网络空间命运共同体的五点主张，包括加快全球网络基础设施建设，促进互联互通；打造网上文化交流共享平台，促进交流互鉴；推动网络经济创新发展，促进共同繁荣；保障网络安全，促进有序发展；构建互联网治理体系，促进公平正义。

三　实践养成篇

时代新风歌

道德莫空谈，
小节显素养。
出行守规矩，
交通遵规章。

就餐或观赛，
不可大声嚷。
旅游尊风俗，
环境大家创。

自觉讲文明，
往来崇礼尚。
社会有公德，
职业道德讲。

为人修品德，
家庭美德扬。
职业有操守，
家风传优良。

道德莫空谈，小节显素养。
出行守规矩，交通遵规章。

城市仪容美，
文明看村乡。
宜居并宜业，
治理可协商。

公共空间优，
服务能力强。
公共意识树，
共建亦共享。①

城市仪容美，文明看村乡。
宜居并宜业，治理可协商。

① 共建亦共享：中国共产党十九届四中全会《决定》提出，坚持和完善共建共治共享的社会治理制度，强调完善党委领导、政府负责、民主协商、社会协同、公众参与、法治保障、科技支撑的社会治理体系，建设人人有责、人人尽责、人人享有的社会治理共同体。

诚信建设歌

诚信夯基石，
不欺坦荡荡。
重信守诺言，
契约落纸上。

公民守诚信，
人人愿交往。
政务守诚信，
人民心舒畅。

公民守诚信，人人愿交往。

商务守诚信，
开拓大市场。
社会守诚信，
群众心里亮。

司法立公信，
征信利市场。
失信必惩戒，
守信要褒奖。

学术和科研，
亦把诚信讲。
论文可查询，
抄袭瞎胡忙。

诚信可齐家，
诚信可兴商。
诚信万里行，
诚信风和畅。

司法立公信，征信利市场。
失信必惩戒，守信要褒奖。

志愿服务歌

服务志愿者，
雷锋好榜样。
传人郭明义，
当好接力棒。

扶贫与救灾，
互助相守望。
“逆行”显大义，
战“疫”凯歌唱。

扶贫与救灾，互助相守望。
"逆行"显大义，战"疫"凯歌唱。

敬老救孤寡，
恤病助残伤。
法律来援助，
文化支教忙。

热心做环保，
科学促健康。
扶贫志愿者，
助力共小康。

我想为人人，
人人为我想。
志愿常态化，
处处沐阳光。

我想为人人，人人为我想。
志愿常态化，处处沐阳光。

移风易俗歌

文明乡风吹，
科学进村庄。
村规民约好，
乡土文化香。

迷信应抵制，
愚昧要提防。
陈规陋习除，
非法宗教亡。

道德评议会，
公约作衡量。
红白理事会，
节约反铺张。

儿女皆尽孝，
厚养和薄葬。
彩礼是陋习，
包办难成双。

文明乡风吹，
科学进村庄。
村规民约好，
乡土文化香。

人情不攀比，
习俗克不良。
移风且易俗，
乡村新气象。

乡村要振兴，
务必农业强。
农村富而美，
文明大合唱。①

①“乡村要振兴……大合唱”句：2017年12月29日，中央农村工作会议首次提出走中国特色社会主义乡村振兴道路。会议明确了实施乡村振兴战略的目标任务：到2020年，乡村振兴取得重要进展，制度框架和政策体系基本形成；到2035年，乡村振兴取得决定性进展，农业农村现代化基本实现；到2050年，乡村全面振兴，农业强、农村美、农民富全面实现。

礼仪礼节歌

东方君子国，[①]
中华礼仪邦。
有礼走天下，
仪态展万方。

礼节和礼貌，
教化作用强。
无礼国不立，
功勋要表彰。

国旗迎风展，
国歌放声唱。
知礼知敬畏，
爱国并爱党。

入党和入团，
庄严而难忘。
加入少先队，
仪式也跟上。

入党和入团，庄严而难忘。
加入少先队，仪式也跟上。

传统节庆日，
体验活动忙。
践行知礼仪，
活动祈吉祥。

现代融传统，
着装更时尚。
语言讲文明，
举止亦端庄。

周公制礼仪，
《周礼》定典章。[2]
礼仪传万代，
百福接千祥。

传统节庆日，体验活动壮。
践行知礼仪，活动祈吉祥。

① 东方君子国：《山海经》记载，东方有“君子之国”。《尚书》记载，东方夷人部落民风淳朴，人们好让不争且取予有度，因此被称为“君子之国”。《淮南子》亦有“东方有君子之国”之说。许慎《说文解字》认为，凤凰“出于东方君子之国”。上述文献表明，“东方君子之国”狭义是指以凤鸟为图腾的伏羲氏所率领的东夷部族，广义即指中国。

② 周公制礼仪，《周礼》定典章：周朝建立之后，周公旦辅佐周成王，建立典章制度，以礼乐治国。《周礼》相传为周公旦所作。

绿色发展歌

人类一个家，
共生地球上。
绿水和青山，
天地作画廊。

山水林田湖，
草肥马儿壮。
蓝天白云飘，
“两山”相益彰。①

人类一个家，共生地球上。
绿水和青山，天地作画廊。

绿色家庭美，
低碳使者当。
绿色学校美，
环保进课堂。

垃圾做分类，
出行要轻装。
绿色社区美，
生态更健康。

奢华和浪费，
自古不提倡。
简约又适度，
生活高质量。

垃圾做分类，出行要轻装。
绿色社区美，生态更健康。

①“两山”相益彰：2005 年 8 月 15 日，时任浙江省委书记的习近平到湖州安吉余村考察时，首次提出“绿水青山就是金山银山”的著名论断。党的十八大以来，习近平总书记的“两山论”日益深入人心。党的十九大报告提出：“像对待生命一样对待生态环境，统筹山水林田湖草系统治理。”

对外交往歌

公民有素质，
国家有形象。
守法尊习俗，
不卑亦不亢。

海关出入境，
都要站好岗。
驻外使领馆，
礼节均要讲。

公民有素质，
国家有形象。
守法尊习俗，
不卑亦不亢。

旅游或探亲，
守序且礼让。
求学或经商，
诚信自图强。

国家荣誉重，
国格勿损伤。
自尊并自信，
包容又开放。

大道不远人，[1]
“一带一路”[2]长。
命运共同体，[3]
人类共康庄。

① 大道不远人：“道不远人”出自《中庸》第十三章，“子曰：道不远人，人之为道而远人，不可以为道”。意思是，“道”并不排斥人，人皆可以通过正心诚意修炼而得道。

② 一带一路：“丝绸之路经济带”和“21 世纪海上丝绸之路”的简称，是习近平总书记于 2013 年 9 月、10 月分别提出的合作倡议。“一带一路”建设造福沿线各国人民，得到了国际社会的广泛支持。

③ 命运共同体：2012 年中共十八大明确提出要倡导“人类命运共同体”意识。2017 年 1 月 18 日，习近平总书记在日内瓦发表题为《共同构建人类命运共同体》的主旨演讲。

四　保障促进篇

制度保障歌

《纲要》①要实施，
制度作保障。
组织和领导，
一起来加强。

“四个意识”坚，
“四个自信”强。
“两个维护”到，
政治把方向。

法是成文德，
立法促德长。
德是内心法，
崇德助法彰。

善治需良法，
执法力度强。
司法定止争，
惩恶把善扬。

"四个意识"坚，"四个自信"强。
"两个维护"到，政治把方向。

法律是底线，
道德是高墙。
全民守普法，
社会秩序良。

公共政策定，
导向和取向。
民生大问题，
公平又得当。

社会有规范，
行业有规章。
乡规和民约，
一行管一行。

失德必惩戒，
败德价高昂。
机制常态化，
道德永弘扬。

①《纲要》：2019 年 10 月 27 日，中共中央、国务院印发的《新时代公民道德建设实施纲要》。

思政促进歌

大党铸辉煌，
百年乃序章。
思政生命线，[1]
治国与治党。

党委负主责，
党就要管党。
工作大格局，
队伍要建强。

一要固根基，
二把优势扬，
三要补短板，
四是强弱项。

迎来新时代，
认同“习思想”[2]。
践行价值观，
普法正纪纲。

迎来新时代，认同"习思想"。
践行价值观，普法正纪纲。

历史戒虚无，
开来先继往。
新的长征路，
“四史”③切勿忘。

思政网络化，
变量化增量。
政治来引领，
旗帜聚力量。

心理靠疏导，
服务要跟上。
动态常研判，
化危而呈祥。

企业重思政，
品牌百年长。
机关重思政，
素质硬邦邦。

学校重思政，
家国出贤良。
社区重思政，
全民德高尚。

物质加精神，
国家富而强。
生活更美好，
人民心向往。

历史戒虚无，开来先继往。
新的长征路，“四史”切勿忘。

① 思政生命线：《关于新时代加强和改进思想政治工作的意见》指出，思想政治工作是党的优良传统、鲜明特色和突出政治优势，是一切工作的生命线。

② 习思想：习近平新时代中国特色社会主义思想。《关于新时代加强和改进思想政治工作的意见》指出，要“增进对习近平新时代中国特色社会主义思想的政治认同、思想认同、理论认同、情感认同”。

③ 四史：党史、新中国史、改革开放史、社会主义发展史。

五 附录

中共中央、国务院印发《新时代公民道德建设实施纲要》

2019年10月，中共中央、国务院印发了《新时代公民道德建设实施纲要》，并发出通知，要求各地区各部门结合实际认真贯彻落实。

《新时代公民道德建设实施纲要》全文如下。

中华文明源远流长，孕育了中华民族的宝贵精神品格，培育了中国人民的崇高价值追求。中国共产党领导人民在革命、建设和改革历史进程中，坚持马克思主义对人类美好社会的理想，继承发扬中华传统美德，创造形成了引领中国社会发展进步的社会主义道德体系。坚持和发展中国特色社会主义，需要物质文明和精神文明全面发展、人民物质生活和精神生活水平全面提升。中国特色社会主义进入新时代，加强公民道德建设、提高全社会道德水平，是全面建成小康社会、全面建设社会主义现代化强国的战略任务，是适应社会主要矛盾变化、满足人民对美好生活向往的迫切需要，是促进社会全面进步、人的全面发展的必然要求。

2001年，党中央颁布《公民道德建设实施纲要》，对在社会主义市场经济条件下加强公民道德建设提供了重要指导，有力促进了社会主义精神文明建设。党的十八大以来，以习近平同志为核心的党中央高度重视公民道德建设，立根塑魂、正本清源，作出一系列重要部署，推动思想道德建设取得显著成效。中国特色社会主义和中国梦深入人心，践行社会主义核心价值观、传承中华优秀传统文化的自觉性不断提升，爱国主义、集体主义、社会主义思想广为弘扬，崇尚英雄、尊重模范、学习先进成为风尚，民族自信心、自豪感大大增强，人民思想觉悟、道德水准、文明素养不断提高，道德领域呈现积极健康向上的良好态势。

同时也要看到，在国际国内形势深刻变化、我国经济社会深刻变革的大背景下，由于市场经济规则、政策法规、社会治理还不够健全，受不良思想文化侵蚀和网络有害信息影响，道德领域依然存在不少问题。一些地方、一些领域不同程度存在道德失范现象，拜金主义、享乐主义、极端个人主义仍然比较突出；一些社会成员道德观念模糊甚至缺失，是非、善恶、美丑不分，见利忘义、唯利是图，损人利己、损公肥私；造假欺诈、不讲信用的现象久治不绝，突破公序良俗底线、妨害人民幸福生活、伤害国家尊严和民族感情的事件时有发生。这些问题必须引起全党全社会高度重视，采取有力措施切实加以解决。

加强公民道德建设是一项长期而紧迫、艰巨而复杂的任务，要适应新时代新要求，坚持目标导向和问题导向相统一，进一步加大工作力度，把握规律、积极创新，持之以恒、久久为功，推动全民道德素质和社会文明程度达到一个新高度。

一、总体要求

要以习近平新时代中国特色社会主义思想为指导，紧紧围绕进行伟大斗争、建设伟大工程、推进伟大事业、实现伟大梦想，着眼构筑中国精神、中国价值、中国力量，促进全体人民在理想信念、价值理念、道德观念上紧密团结在一起，在全民族牢固树立中国特色社会主义共同理想，在全社会大力弘扬社会主义核心价值观，积极倡导富强民主文明和谐、自由平等公正法治、爱国敬业诚信友善，全面推进社会公德、职业道德、家庭美德、个人品德建设，持续强化教育引导、实践养成、制度保障，不断提升公民道德素质，促进人的全面发展，培养和造就担当民族复兴大任的时代新人。

——坚持马克思主义道德观、社会主义道德观，倡导共产主义道德，以为人民服务为核心，以集体主义为原则，以爱祖国、爱人民、爱劳动、爱科学、爱社会主义为基本要求，始终保持公民道德建设的社会主义方向。

——坚持以社会主义核心价值观为引领，将国家、社会、个人层面的价值要求贯穿到道德建设各方面，以主流价值建构道德规范、强化道德认同、指引道德实践，引导人们明大德、守公德、严私德。

——坚持在继承传统中创新发展，自觉传承中华传统美德，继承我们党领导人民在长期实践中形成的优良传统和革命道德，适应新时代改革开放和社会主义市场经济发展要求，积极推动创造性转化、创新性发展，不断增强道德建设的时代性实效性。

——坚持提升道德认知与推动道德实践相结合，尊重人民群众的主体地位，激发人们形成善良的道德意愿、道德情感，培育正确的道德判断和道德责任，提高道德实践能力尤其是自觉实践能力，引导人们向往和追求讲道德、尊道德、守道德的生活。

——坚持发挥社会主义法治的促进和保障作用，以法治承载道德理念、鲜明道德导向、弘扬美德义行，把社会主义道德要求体现到立法、执法、司法、守法之中，以法治的力量引导人们向上向善。

——坚持积极倡导与有效治理并举，遵循道德建设规律，把先进性要求与广泛性要求结合起来，坚持重在建设、立破并举，发挥榜样示范引领作用，加大突出问题整治力度，树立新风正气、祛除歪风邪气。

要把社会公德、职业道德、家庭美德、个人品德建设作为着力点。推动践行以文明礼貌、助人为乐、爱护公物、保护环境、遵纪守法为主要内容的社会公德，鼓励人们在社会上做一个好公民；推动践行以爱岗敬业、诚实守信、办事公道、热情服务、奉献社会为主要内容的职业道德，鼓励人们在工作中做一个好建设者；推动践行以尊老爱幼、男女平等、夫妻和睦、勤俭持家、邻里互助为主要内容的家庭美德，鼓励人们在家庭里做一个好成员；推动践行以爱国奉献、明礼遵规、勤劳善良、宽厚正直、自强自律为主要内容的个人品德，鼓励人们在日常生活中养成好品行。

二、重点任务

1. 筑牢理想信念之基。人民有信仰，国家有力量，民族有希望。信仰信念指引人生方向，引领道德追求。要坚持不懈用习近平新时代中国特色社会主义思想武装全党、教育人民，引导人们把握丰富内涵、精神实质、实践要求，打牢信仰信念的思想理论根基。在全社会广泛开展理想信念教育，深化社会主义和共产主义宣传教育，深化中国特色社会主义和中国梦宣传教育，引导人们不断增强道路自信、理论自信、制度自信、文化自信，把共产主义远大理想与中国特色社会主义共同理想统一起来，把实现个人理想融入实现国家富强、民族振兴、人民幸福的伟大梦想之中。

2. 培育和践行社会主义核心价值观。社会主义核心价值观是当代中国精神的集中体现，是凝聚中国力量的思想道德基础。要持续深化社会主义核心价值观宣传教育，增进认知认同、树立鲜明导向、强化示范带动，引导人们把社会主义核心价值观作为明德修身、立德树人的根本遵循。坚持贯穿结合融入、落细落小落实，把社会主义核心价值观要求融入日常生活，使之成为人们日用而不觉的道德规范和行为准则。坚持德法兼治，以道德滋养法治精神，以法治体现道德理念，全面贯彻实施宪法，推动社会主义核心价值观融入法治建设，将社会主义核心价值观要求全面体现到中国特色社会主义法律体系中，体现到法律法规立改废释、公共政策制定修订、社会治理改进完善中，为弘扬主流价值提供良好社会环境和制度保障。

3. 传承中华传统美德。中华传统美德是中华文化精髓，是道德建设的不竭源泉。要以礼敬自豪的态度对待中华优秀传统文化，充分发掘文化经典、历史遗存、文物古迹承载的丰厚道德资源，弘扬古圣先贤、民族英雄、志士仁人的嘉言懿行，让中华文化基因更好植根于人们的思想意识和道德观念。深入阐发中华优秀传统文化蕴含的讲仁爱、重民本、守诚信、崇正义、尚和合、求大同等思想理念，深入挖掘自强不息、敬业乐群、扶正扬善、扶危济困、见义勇为、孝老爱亲等传统美德，并结合新的时代条件和实践要求继承创新，充分彰显其时代价值和永恒魅力，使之与现代文化、现实生活相融相通，成为全体人民精神生活、道德实践的鲜明标识。

4. 弘扬民族精神和时代精神。以爱国主义为核心的民族精神和以改革创新为核心的时代精神，是中华民族生生不息、发展壮大的坚实精神支撑和强大道德力量。要深化改革开放史、新中国历史、中国共产党历史、中华民族近代史、中华文明史教育，弘扬中国人民伟大创造精神、伟大奋斗精神、伟大团结精神、伟大梦想精神，倡导一切有利于团结统一、爱好和平、勤劳勇敢、自强不息的思想和观念，构筑中华民族共有精神家园。要继承和发扬党领导人民创造的优良传统，传承红色基因，赓续精神谱系。要紧紧围绕全面深化改革开放、深入推进社会主义现代化建设，大力倡导解放思想、实事求是、与时俱进、求真务实的理念，倡导“幸福源自奋斗”“成功在于奉献”“平凡孕育伟大”的理念，弘扬改革开放精神、劳动精神、劳模精神、工匠精神、优秀企业家精神、科学家精神，使全体人民保持昂扬向上、奋发有为的精神状态。

三、深化道德教育引导

1. 把立德树人贯穿学校教育全过程。学校是公民道德建设的重要阵地。要全面贯彻党的教育方针，坚持社会主义办学方向，坚持育人为本、德育为先，把思想品德作为学生核心素养、纳入学业质量标准，构建德智体美劳全面培养的教育体系。加强思想品德教育，遵循不同年龄阶段的道德认知规律，结合基础教育、职业教育、高等教育的不同特点，把社会主义核心价值观和道德规范有效传授给学生。注重融入贯穿，把公民道德建设的内容和要求体现到各学科教育中，体现到学科体系、教学体系、教材体系、管理体系建设中，使传授知识过程成为道德教化过程。开展社会实践活动，强化劳动精神、劳动观念教育，引导学生热爱劳动、尊重劳动，懂得劳动最光荣、劳动最崇高、劳动最伟大、劳动最美丽的道理，更好认识社会、了解国情，增强社会责任感。加强师德师风建设，引导教师以德立身、以德立学、以德施教、以德育德，做有理想信念、有道德情操、有扎实学识、有仁爱之心的好老师。建设优良校风，用校训励志，丰富校园文化生活，营造有利于学生修德立身的良好氛围。

2. 用良好家教家风涵育道德品行。家庭是社会的基本细胞，是道德养成的起点。要弘扬中华民族传统家庭美德，倡导现代家庭文明观念，推动形成爱国爱家、相亲相爱、向上向善、共建共享的社会主义家庭文明新风尚，让美德在家庭中生根、在亲情中升华。通过多种方式，引导广大家庭重言传、重身教，教知识、育品德，以身作则、耳濡目染，用正确道德观念塑造孩子美好心灵；自觉传承中华孝道，感念父母养育之恩、感念长辈关爱之情，养成孝敬父母、尊敬长辈的良好品质；倡导忠诚、责任、亲情、学习、公益的理念，让家庭成员相互影响、共同提高，在为家庭谋幸福、为他人送温暖、为社会作贡献过程中提高精神境界、培育文明风尚。

3. 以先进模范引领道德风尚。伟大时代呼唤伟大精神，崇高事业需要榜样引领。要精心选树时代楷模、道德模范等先进典型，综合运用宣讲报告、事迹报道、专题节目、文艺作品、公益广告等形式，广泛宣传他们的先进事迹和突出贡献，树立鲜明时代价值取向，彰显社会道德高度。持续推出各行各业先进人物，广泛推荐宣传最美人物、身边好人，让不同行业、不同群体都能学有榜样、行有示范，形成见贤思齐、争当先进的生动局面。尊崇褒扬、关心关爱先进人物和英雄模范，建立健全关爱关怀机制，维护先进人物和英雄模范的荣誉和形象，形成德者有得、好人好报的价值导向。

4. 以正确舆论营造良好道德环境。舆论具有成风化人、敦风化俗的重要作用。要坚持以正确的舆论引导人，把正确价值导向和道德要求体现到经济、社会、文化等各领域的新闻报道中，体现到娱乐、体育、广告等各类节目栏目中。加强对道德领域热点问题的引导，以事说理、以案明德，着力增强人们的法治意识、公共意识、规则意识、责任意识。发挥舆论监督作用，对违反社会道德、背离公序良俗的言行和现象，及时进行批评、驳斥，激浊扬清、弘扬正气。传媒和相关业务从业人员要加强道德修养、强化道德自律，自觉履行社会责任。

5. 以优秀文艺作品陶冶道德情操。文以载道，文以传情，文以植德。要把培育和弘扬社会主义核心价值观作为根本任务，坚持以人民为中心的创作导向，推出更多讴歌党、讴歌祖国，讴歌人民、讴歌英雄，讴歌劳动、讴歌奉献的精品力作，润物无声传播真善美，弘扬崇高的道德理想和道德追求。坚持把社会效益放在首位，倡导讲品位、讲格调、讲责任，抵制低俗、庸俗、媚俗，用健康向上的文艺作品温润心灵、启迪心智、引领风尚。要把社会主义道德作为文艺评论、评介、评奖的重要标准，更好地引导文艺创作生产传播坚守正道、弘扬正气。文艺工作者要把崇德尚艺作为一生的功课，把为人、做事、从艺统一起来，加强思想积累、知识储备、艺术训练，提高学养、涵养、修养，努力追求真才学、好德行、高品位，做到德艺双馨。

6. 发挥各类阵地道德教育作用。各类阵地是面向广大群众开展道德教育的基本依托。要加强新时代文明实践中心建设，大力推进媒体融合发展，抓好县级融媒体中心建设，推动基层广泛开展中国特色社会主义文化、社会主义思想道德学习教育实践，引导人们提高思想觉悟、道德水准、文明素养。加强爱国主义教育基地和革命纪念设施建设保护利用，充实展陈内容，丰富思想内涵，提升教育功能。民族团结、科普、国防等教育基地，图书馆、文化馆、博物馆、纪念馆、科技馆、青少年活动中心等公共文化设施，都要结合各自功能特点有针对性地开展道德教育。用好宣传栏、显示屏、广告牌等户外媒介，营造明德守礼的浓厚氛围。

7. 抓好重点群体的教育引导。公民道德建设既要面向全体社会成员开展，也要聚焦重点、抓住关键。党员干部的道德操守直接影响着全社会道德风尚，要落实全面从严治党要求，加强理想信念教育，补足精神之钙；要加强政德修养，坚持法律红线不可逾越、道德底线不可触碰，在严肃规范的党内政治生活中锤炼党性、改进作风、砥砺品质，践行忠诚老实、公道正派、艰苦奋斗、清正廉洁等品格，正心修身、慎独慎微，严以律己、廉洁齐家，在道德建设中为全社会作出表率。青少年是国家的希望、民族的未来，要坚持从娃娃抓起，引导青少年把正确的道德认知、自觉的道德养成、积极的道德实践紧密结合起来，善于从中华民族传统美德中汲取道德滋养，从英雄人物和时代楷模身上感受道德风范，从自身内省中提升道德修为，不断修身立德，打牢道德根基。全社会都要关心帮助支持青少年成长发展，完善家庭、学校、政府、社会相结合的思想道德教育体系，引导青少年树立远大志向，热爱党、热爱祖国、热爱人民，形成好思想、好品行、好习惯，扣好人生第一粒扣子。社会公众人物知名度高、影响力大，要加强思想政治引领，引导他们承担社会责任，加强道德修养，注重道德自律，自觉接受社会和舆论监督，树立良好社会形象。

四、推动道德实践养成

1. 广泛开展弘扬时代新风行动。良好社会风尚是社会文明程度的重要标志，涵育着公民美德善行，推动着社会和谐有序运转。要紧密结合社会发展实际，广泛开展文明出行、文明交通、文明旅游、文明就餐、文明观赛等活动，引导人们自觉遵守社会交往、公共场所中的文明规范。着眼完善社会治理、规范社会秩序，推动街道社区、交通设施、医疗场所、景区景点、文体场馆等的精细管理、规范运营，优化公共空间、提升服务水平，为人们增强公共意识、规则意识创造良好环境。

2. 深化群众性创建活动。各类群众性创建活动是人民群众自我教育、自我提高的生动实践。群众性精神文明创建活动要突出道德要求，充实道德内容，将社会公德、职业道德、家庭美德、个人品德建设贯穿创建全过程。文明城市、文明村镇创建要坚持为民利民惠民，突出文明和谐、宜居宜业，不断提升基层社会治理水平和群众文明素质。文明单位创建要立足行业特色、职业特点，突出涵养职业操守、培育职业精神、树立行业新风，引导从业者精益求精、追求卓越，为社会提供优质产品和服务。文明家庭创建要聚焦涵育家庭美德，弘扬优良家风。文明校园创建要聚焦立德树人，培养德智体美劳全面发展的社会主义建设者和接班人。各级党政机关、各行业各系统开展的创建活动，要把公民道德建设摆在更加重要的位置，以扎实有效的创建工作推动全民道德素质提升。

3. 持续推进诚信建设。诚信是社会和谐的基石和重要特征。要继承发扬中华民族重信守诺的传统美德，弘扬与社会主义市场经济相适应的诚信理念、诚信文化、契约精神，推动各行业各领域制定诚信公约，加快个人诚信、政务诚信、商务诚信、社会诚信和司法公信建设，构建覆盖全社会的征信体系，健全守信联合激励和失信联合惩戒机制，开展诚信缺失突出问题专项治理，提高全社会诚信水平。重视学术、科研诚信建设，严肃查处违背学术科研诚信要求的行为。深入开展“诚信建设万里行”“诚信兴商宣传月”等活动，评选发布“诚信之星”，宣传推介诚信先进集体，激励人们更好地讲诚实、守信用。

4. 深入推进学雷锋志愿服务。学雷锋和志愿服务是践行社会主义道德的重要途径。要弘扬雷锋精神和奉献、友爱、互助、进步的志愿精神，围绕重大活动、扶贫救灾、敬老救孤、恤病助残、法律援助、文化支教、环境保护、健康指导等，广泛开展学雷锋和志愿服务活动，引导人们把学雷锋和志愿服务作为生活方式、生活习惯。推动志愿服务组织发展，完善激励褒奖制度，推进学雷锋志愿服务制度化常态化，使“我为人人、人人为我”蔚然成风。

5. 广泛开展移风易俗行动。摒弃陈规陋习、倡导文明新风是道德建设的重要任务。要围绕实施乡村振兴战略，培育文明乡风、淳朴民风，倡导科学文明生活方式，挖掘创新乡土文化，不断焕发乡村文明新气象。充分发挥村规民约、道德评议会、红白理事会等作用，破除铺张浪费、薄养厚葬、人情攀比等不良习俗。要提倡科学精神，普及科学知识，抵制迷信和腐朽落后文化，防范极端宗教思想和非法宗教势力渗透。

6. 充分发挥礼仪礼节的教化作用。礼仪礼节是道德素养的体现，也是道德实践的载体。要制定国家礼仪规程，完善党和国家功勋荣誉表彰制度，规范开展升国旗、奏唱国歌、入党入团入队等仪式，强化仪式感、参与感、现代感，增强人们对党和国家、对组织集体的认同感和归属感。充分利用重要传统节日、重大节庆和纪念日，组织开展群众性主题实践活动，丰富道德体验、增进道德情感。研究制定继承中华优秀传统、适应现代文明要求的社会礼仪、服装服饰、文明用语规范，引导人们重礼节、讲礼貌。

7. 积极践行绿色生产生活方式。绿色发展、生态道德是现代文明的重要标志，是美好生活的基础、人民群众的期盼。要推动全社会共建美丽中国，围绕世界地球日、世界环境日、世界森林日、世界水日、世界海洋日和全国节能宣传周等，广泛开展多种形式的主题宣传实践活动，坚持人与自然和谐共生，引导人们树立尊重自然、顺应自然、保护自然的理念，树立绿水青山就是金山银山的理念，增强节约意识、环保意识和生态意识。开展创建节约型机关、绿色家庭、绿色学校、绿色社区、绿色出行和垃圾分类等行动，倡导简约适度、绿色低碳的生活方式，拒绝奢华和浪费，引导人们做生态环境的保护者、建设者。

8. 在对外交流交往中展示文明素养。公民道德风貌关系国家形象。实施中国公民旅游文明素质行动计划，推动出入境管理机构、海关、驻外机构、旅行社、网络旅游平台等，加强文明宣传教育，引导中国公民在境外旅游、求学、经商、探亲中，尊重当地法律法规和文化习俗，展现中华美德，维护国家荣誉和利益。培育健康理性的国民心态，引导人们在各种国际场合、涉外活动和交流交往中，树立自尊自信、开放包容、积极向上的良好形象。

五、抓好网络空间道德建设

1. 加强网络内容建设。网络信息内容广泛影响着人们的思想观念和道德行为。要深入实施网络内容建设工程，弘扬主旋律，激发正能量，让科学理论、正确舆论、优秀文化充盈网络空间。发展积极向上的网络文化，引导互联网企业和网民创作生产传播格调健康的网络文学、网络音乐、网络表演、网络电影、网络剧、网络音视频、网络动漫、网络游戏等。加强网上热点话题和突发事件的正确引导、有效引导，明辨是非、分清善恶，让正确道德取向成为网络空间的主流。

2. 培养文明自律网络行为。网上行为主体的文明自律是网络空间道德建设的基础。要建立和完善网络行为规范，明确网络是非观念，培育符合互联网发展规律、体现社会主义精神文明建设要求的网络伦理、网络道德。倡导文明办网，推动互联网企业自觉履行主体责任、主动承担社会责任，依法依规经营，加强网络从业人员教育培训，坚决打击网上有害信息传播行为，依法规范管理传播渠道。倡导文明上网，广泛开展争做中国好网民活动，推进网民网络素养教育，引导广大网民尊德守法、文明互动、理性表达，远离不良网站，防止网络沉迷，自觉维护良好网络秩序。

3. 丰富网上道德实践。互联网为道德实践提供了新的空间、新的载体。要积极培育和引导互联网公益力量，壮大网络公益队伍，形成线上线下踊跃参与公益事业的生动局面。加强网络公益宣传，引导人们随时、随地、随手做公益，推动形成关爱他人、奉献社会的良好风尚。拓展“互联网＋公益”“互联网＋慈善”模式，广泛开展形式多样的网络公益、网络慈善活动，激发全社会热心公益、参与慈善的热情。加强网络公益规范化运行和管理，完善相关法规制度，促进网络公益健康有序发展。

4. 营造良好网络道德环境。加强互联网管理，正能量是总要求，管得住是硬道理，用得好是真本事。要严格依法管网治网，加强互联网领域立法执法，强化网络综合治理，加强网络社交平台、各类公众账号等管理，重视个人信息安全，建立完善新技术新应用道德评估制度，维护网络道德秩序。开展网络治理专项行动，加大对网上突出问题的整治力度，清理网络欺诈、造谣、诽谤、谩骂、歧视、色情、低俗等内容，反对网络暴力行为，依法惩治网络违法犯罪，促进网络空间日益清朗。

六、发挥制度保障作用

1. 强化法律法规保障。法律是成文的道德，道德是内心的法律。要发挥法治对道德建设的保障和促进作用，把道德导向贯穿法治建设全过程，立法、执法、司法、守法各环节都要体现社会主义道德要求。及时把实践中广泛认同、较为成熟、操作性强的道德要求转化为法律规范，推动社会诚信、见义勇为、志愿服务、勤劳节俭、孝老爱亲、保护生态等方面的立法工作。坚持严格执法，加大关系群众切身利益重点领域的执法力度，以法治的力量维护道德、凝聚人心。坚持公正司法，发挥司法裁判定分止争、惩恶扬善功能，定期发布道德领域典型指导性司法案例，让人们从中感受到公平正义。推进全民守法普法，加强社会主义法治文化建设，营造全社会讲法治、重道德的良好环境，引导人们增强法治意识、坚守道德底线。

2. 彰显公共政策价值导向。公共政策与人们生产生活和现实利益密切相关，直接影响着人们的价值取向和道德判断。各项公共政策制度从设计制定到实施执行，都要充分体现道德要求，符合人们道德期待，实现政策目标和道德导向有机统一。科学制定经济社会政策和改革举措，在涉及就业、就学、住房、医疗、收入分配、社会保障等重大民生问题上，妥善处理各方面利益关系，充分体现维护社会公平正义的要求。加强对公共政策的道德风险和道德效果评估，及时纠正与社会主义道德相背离的突出问题，促进公共政策与道德建设良性互动。

3. 发挥社会规范的引导约束作用。各类社会规范有效调节着人们在共同生产生活中的关系和行为。要按照社会主义核心价值观的基本要求，健全各行各业规章制度，修订完善市民公约、乡规民约、学生守则等行为准则，突出体现自身特点的道德规范，更好发挥规范、调节、评价人们言行举止的作用。要发挥各类群众性组织的自我教育、自我管理、自我服务功能，推动落实各项社会规范，共建共享与新时代相匹配的社会文明。

4. 深化道德领域突出问题治理。道德建设既要靠教育倡导，也要靠有效治理。要综合施策、标本兼治，运用经济、法律、技术、行政和社会管理、舆论监督等各种手段，有力惩治失德败德、突破道德底线的行为。要组织开展道德领域突出问题专项治理，不断净化社会文化环境。针对污蔑诋毁英雄、伤害民族感情的恶劣言行，特别是对于损害国家尊严、出卖国家利益的媚外分子，要依法依规严肃惩戒，发挥警示教育作用。针对食品药品安全、产品质量安全、生态环境、社会服务、公共秩序等领域群众反映强烈的突出问题，要逐一进行整治，让败德违法者受到惩治、付出代价。建立惩戒失德行为常态化机制，形成扶正祛邪、惩恶扬善的社会风气。

七、加强组织领导

加强新时代公民道德建设，是推进中国特色社会主义事业的一项基础性、战略性工程。要坚持和加强党的领导，增强“四个意识”，坚定“四个自信”，做到“两个维护”，确保公民道德建设的正确方向。各级党委和政府要担负起公民道德建设的领导责任，将其摆上重要议事日程，纳入全局工作谋划推进，有机融入经济社会发展各方面。纪检监察机关和组织、统战、政法、网信、经济、外交、教育、科技、卫生健康、交通运输、民政、文化和旅游、民族宗教、农业农村、自然资源、生态环境等党政部门，要紧密结合工作职能，积极履行公民道德建设责任。发挥基层党组织和党员在新时代公民道德建设中的战斗堡垒作用和先锋模范作用。工会、共青团、妇联等群团组织，各民主党派和工商联，要积极发挥自身优势，共同推动公民道德建设。

各级文明委和党委宣传部要切实履行指导、协调、组织职能，统筹力量、精心实施、加强督查，抓好工作任务落实。注重分析评估公民道德建设的进展和成效，及时总结推广成功经验和创新做法，加强道德领域重大理论和实践问题研究，推动形成公民道德建设蓬勃开展、深入发展的良好局面。

（新华社北京 2019 年 10 月 27 日电）

中共中央、 国务院印发
《关于新时代加强和改进思想政治工作的意见》

在中国共产党成立 100 周年之际，中共中央、国务院印发了《关于新时代加强和改进思想政治工作的意见》（以下简称《意见》）。

《意见》指出，思想政治工作是党的优良传统、鲜明特色和突出政治优势，是一切工作的生命线。加强和改进思想政治工作，事关党的前途命运，事关国家长治久安，事关民族凝聚力和向心力。《意见》包括总体要求、把思想政治工作作为治党治国的重要方式、深入开展思想政治教育、提升基层思想政治工作质量和水平、推动新时代思想政治工作守正创新发展、构建共同推进思想政治工作的大格局六个部分。

《意见》指出，党的十八大以来，以习近平同志为核心的党中央高度重视思想政治工作，采取一系列重大举措切实加以推进，思想政治工作有效发挥了统一思想、凝聚共识、鼓舞斗志、团结奋斗的重要作用，全党全社会思想上的团结统一更加巩固，我国意识形态领域形势发生了全局性、根本性的转变。

《意见》明确，新时代加强和改进思想政治工作的指导思想是：以习近平新时代中国特色社会主义思想为指导，全面贯彻党的十九大和十九届二中、三中、四中、五中全会精神，增强“四个意识”、坚定“四个自信”、做到“两个维护”，紧紧围绕统筹推进“五位一体”总体布局和协调推进“四个全面”战略布局，坚持稳中求进工作总基调，围绕巩固马克思主义在意识形态领域的指导地位、巩固全党全国人民团结奋斗的共同思想基础这一根本任务，自觉承担起举旗帜、聚民心、育新人、兴文化、展形象的职责使命，把思想政治工作作为治党治国的重要方式，着力固根基、扬优势、补短板、强弱项，提高科学化规范化制度化水平，充分调动一切积极因素，广泛团结一切可以团结的力量，为人民服务，为中国共产党治国理政服务，为巩固和发展中国特色社会主义制度服务，为改革开放和社会主义现代化建设服务。

《意见》指出，新时代加强和改进思想政治工作的方针原则是：坚持和加强党的全面领导，把思想政治工作贯穿党的建设和国家治理各领域各方面各环节，牢牢掌握工作的领导权和主动权。坚持以人民为中心，践行党的群众路线，把人民对美好生活的向往作为奋斗目标，组织群众、宣传群众、教育群众、服务群众，强信心、聚民心、暖人心、筑同心。坚持服务党和国家工作大局，全面贯彻党的基本理论、基本路线、基本方略，坚持系统观念，把思想政治工作与经济建设和其他各项工作结合起来，为党和国家中心工作提供有力政治和思想保障。坚持遵循思想政治工作规律，把显性教育与隐性教育、解决思想问题与解决实际问题、广泛覆盖与分类指导结合起来，因地、因人、因事、因时制宜开展工作。坚持守正创新，推进理念创新、手段创新、基层工作创新，使新时代思想政治工作始终保持生机活力。

《意见》指出，要把思想政治工作作为治党治国的重要方式。强化党委（党组）主体责任，各级党委（党组）要切实负起政治责任和领导责任，建立健全思想政治工作责任制，制定思想政治工作责任清单，明确落实措施和推进步骤。党的基层组织要认真贯彻党章党规要求，做好党员和群众的思想政治工作。坚持党要管党、全面从严治党，以党的政治建设为统领，坚持思想建党和制度治党相统一，把思想政治工作落实到党的各项建设之中。加强党对国家和社会的全面领导，善于运用思想政治工作和体制制度优势，推动经济社会发展、管理社会事务、服务人民群众，保证党和国家各项事业始终沿着正确方向前进。

《意见》指出，要深入开展思想政治教育。坚持用习近平新时代中国特色社会主义思想武装全党、教育人民，健全用党的创新理论武装全党、教育人民工作体系，增进对习近平新时代中国特色社会主义思想的政治认同、思想认同、理论认同、情感认同。推动理想信念教育常态化制度化，广泛开展中国特色社会主义和中国梦宣传教育，弘扬民族精神和时代精神，加强爱国主义、集体主义、社会主义教育，加强马克思主义唯物论和无神论教育。培育和践行社会主义核心价值观，加强教育引导、实践养成、制度保障，推动社会主义核心价值观融入社会发展和百姓生活。加强党史、新中国史、改革开放史、社会主义发展史和形势政策教育，引导党员、干部、群众旗帜鲜明反对历史虚无主义，继往开来走好新时代长征路。加强社会主义法治教育，深入学习宣传习近平法治思想，在全社会普遍开展宪法宣传教育，有针对性地宣传普及法律、法规和法理常识，加大党章党规党纪宣传力度。增强忧患意识、发扬斗争精神，广泛开展防范化解重大风险宣传教育，总结新冠肺炎疫情防控斗争经验，以自觉的斗争实践打开新天地、夺取新胜利。

《意见》指出，要提升基层思想政治工作质量和水平。加强企业思想政治工作，把思想政治工作同生产经营管理、人力资源开发、企业精神培育、企业文化建设等工作结合起来，在思想上解惑、精神上解忧、文化上解渴、心理上解压。加强农村思想政治工作，加强农村精神文明和思想道德建设，开展弘扬时代新风和移风易俗行动，抵制腐朽落后文化侵蚀，培养有理想、有道德、有文化、有纪律的新时代农民。加强机关思想政治工作，坚持把带头做到“两个维护”作为机关思想政治工作的首要任务，深化政治机关意识教育，开展模范机关创建活动，开展对党忠诚教育，开展作风建设专项整治行动，努力建设讲政治、守纪律、负责任、有效率的模范机关。加强学校思想政治工作，加快构建学校思想政治工作体系，实施时代新人培育工程，完善青少年理想信念教育齐抓共管机制，培养德智体美劳全面发展的社会主义建设者和接班人。加强社区思想政治工作，健全社区党组织领导基层群众性自治组织开展思想政治工作的相关制度，加强社区思想政治工作网格化建设，统筹发挥社会力量协同作用，使思想政治工作真正深入到群众生产和生活中去。加强网络思想政治工作，深入实施网络内容建设工程，加强网络传播能力建设，依法加强网络社会管理，推动思想政治工作传统优势与信息技术深度融合，使互联网这个最大变量变成事业发展的最大增量。做好各类群体的思想政治工作，开展思想政治引领行动，把广大群众团结凝聚在中国特色社会主义伟大旗帜下。

《意见》指出，要推动新时代思想政治工作守正创新发展。巩固壮大主流思想舆论，坚持正确政治方向、舆论导向、价值取向，把思想政治工作融入到主题宣传、形势宣传、政策宣传、成就宣传、典型宣传中，落实到党报党刊、电台电视台、都市类报刊和新媒体等各级各类媒体，不断提高新闻舆论传播力、引导力、影响力、公信力。深化拓展群众性主题实践，充分利用重要传统节日、重大节庆日纪念日，发挥礼仪制度的教化作用，丰富道德实践活动，推动形成适应新时代要求的思想观念、精神面貌、文明风尚、行为规范。更加注重以文化人以文育人，深入实施文艺作品质量提升工程，深入实施中华优秀传统文化传承发展工程，推进城乡公共文化服务体系一体建设，更好满足人民精神文化生活新期待。充分发挥先进典型示范引领作用，深化时代楷模、道德模范、最美人物、身边好人等学习宣传，持续讲好不同时期英雄模范的感人故事，探索完善先进模范发挥作用的长效机制，把榜样力量转化为亿万群众的生动实践。切实加强人文关怀和心理疏导，健全党员领导干部联系基层、党员联系群众的工作制度，健全社会心理服务体系和疏导机制、危机干预机制，建立社会思想动态调查与分析研判机制，培育自尊自信、理性平和、积极向上的社会心态。

《意见》强调，要构建共同推进思想政治工作的大格局。完善领导体制和工作机制，完善党委统一领导、党政齐抓共管、宣传部门组织协调、有关部门和人民团体分工负责、全党全社会共同参与的思想政治工作大格局。打造专兼结合的工作队伍，配齐配强思想政治工作骨干队伍，充实优化兼职工作队伍，不断壮大志愿服务工作队伍，有计划有步骤地开展全员培训，深化思想政治工作人员专业技术职务评聘制度改革，培养思想政治工作的行家里手。用好各级各类文化设施和阵地，加强各级各类党员教育培训基地、爱国主义教育基地等的规划建设和管理使用，继续推动公共文化设施向社会免费开放，建设基层思想政治工作示范点。建立科学有效的评价考核体系，建立内容全面、指标合理、方法科学的思想政治工作测评体系，将测评结果纳入落实全面从严治党主体责任情况监督检查和巡视巡察内容，纳入党政领导班子、领导干部综合考核评价内容，把“软指标”变为“硬约束”。

（新华社北京2021年7月12日电）

中宣部、中央文明办、中央纪委机关等联合印发《关于进一步加强家庭家教家风建设的实施意见》

2021年7月，中宣部、中央文明办、中央纪委机关、中组部、国家监委、教育部、全国妇联印发《关于进一步加强家庭家教家风建设的实施意见》（以下简称《意见》）。

《意见》指出，要以习近平新时代中国特色社会主义思想为指导，立足新发展阶段、贯彻新发展理念、构建新发展格局，以培育和践行社会主义核心价值观为根本，以建设文明家庭、实施科学家教、传承优良家风为重点，强化党员和领导干部家风建设，突出少年儿童品德教育关键，推动家庭家教家风建设高质量发展。

《意见》要求，要加强习近平总书记关于注重家庭家教家风建设重要论述的学习宣传，让新时代家庭观成为亿万家庭日用而不觉的道德规范和行为准则。要以社会主义核心价值观引领家庭家教家风建设，升华爱国爱家的家国情怀、建设相亲相爱的家庭关系、弘扬向上向善的家庭美德、体现共建共享的家庭追求。要围绕落实立德树人根本任务开展家庭教育，引导家长用正确行动、正确思想、正确方法培养孩子养成好思想、好品行、好习惯。要把家风建设作为党员和领导干部作风建设重要内容，引导党员和领导干部筑牢反腐倡廉的家庭防线，以纯正家风涵养清朗党风政风社风。要注重发挥家庭家教家风建设在基层社会治理中的重要作用，吸引群众走出“小”家、融入“大”家，积极参与和谐社区、美丽乡村等建设。

《意见》强调，要强化制度保障，把新时代家庭观的要求体现到法律法规、制度规范和行为准则中，体现到各项经济社会发展和社会管理政策中，彰显公共政策价值导向。要加强组织领导，强化部门有效协同，形成家庭家教家风建设合力，动员广大家庭把个人梦、家庭梦融入国家梦、民族梦之中，为实现中华民族伟大复兴中国梦汇聚磅礴力量。

（新华社北京 2021 年 7 月 22 日电）

图书在版编目(CIP)数据

新时代公民道德歌/程冠军著.
—武汉:湖北教育出版社,2022.1(2023.2 重印)
ISBN 978-7-5564-4829-6

Ⅰ.①新… Ⅱ.①程… Ⅲ.①公民教育-社会公德教育-中国 Ⅳ.①D648.3

中国版本图书馆 CIP 数据核字(2021)第 188921 号

新时代公民道德歌 XINSHIDAI GONGMIN DAODE GE

出品人	方 平		
责任编辑	方 倍	责任校对	王艳波
封面设计	牛 红	责任督印	刘牧原

出版发行	长江出版传媒	430070 武汉市雄楚大道 268 号
	湖北教育出版社	430070 武汉市雄楚大道 268 号
经销	新华书店	
网址	http://www.hbedup.com	
印刷	武汉中远印务有限公司	
地址	武汉市黄陂区横店街货场路粮库院内	
开本	787mm×1092mm 1/16	
印张	8.5	
字数	90 千字	
版次	2022 年 1 月第 1 版	
印次	2023 年 2 月第 3 次印刷	
书号	ISBN 978-7-5564-4829-6	
定价	28.00 元	

版权所有,盗版必究
(图书如出现印装质量问题,请联系 027-83637493 进行调换)